Gudrun
Kaenders

Luftig-leichte Mobiles

Mobiles aus Tonkarton & mehr

Willkommen in unserer Hütte

(Abb. Seite 1)

Malen Sie den Rundstab und die Holzkugeln an und lassen Sie sie trocknen. Stecken Sie dann die Holzkugeln auf die Stabenden, knoten Sie das weiße Satinband als Aufhängeband an und wickeln Sie die Grasgirlande um den Stab. Binden Sie aus dem Taftband und dem blauen Satinband zwei Doppelschleifen und kleben Sie diese mit Heißkleber an die Stabenden. Übertragen Sie nun die Motive vom Vorlagenbogen auf den Tonkarton und schneiden Sie sie aus. Malen Sie mit dem schwarzen Filzstift die Muster und Strukturen auf die Dalmatiner, den Knochen, den Schuh (insbes. die Schuhsohle) und die Hütte und setzen Sie die Motive wie abgebildet zusammen. Bei dem Schuh ziehen Sie noch ca. 10 cm Faden durch die Schnürsenkellöcher. Lochen Sie die Motive und hängen Sie sie an den Stab.

Mobilegröße

ca. 31 cm x 35 cm

Material

- Tonkartonreste in Weiß, Mittelbraun, Hellbraun, Pink, Blau und Schwarz
- Vario-Karton® „Living Nature", Motiv „Gräser"
- Vario-Karton® „Living Nature", Motiv „Ziegel, Steine, Schiefer"
- Satinband in Weiß, 3 mm breit, ca. 1 m lang
- Satinband in Blau, 3 mm breit, ca. 1 m lang
- Taftband in Weiß, 10 mm breit, ca. 1 m lang
- Baumwollfaden oder Stickgarn in Grau
- Grasgirlande in Hellgrün, ca. 35 cm lang
- 1 Rundstab, ø 4 mm, 30 cm lang
- 2 Holzkugeln, ø 20 mm, Bohrung (halb gebohrt) ø 4 mm
- Acrylfarbe in Weiß

Vorlagenbogen 1A

Fotos: frechverlag GmbH + Co. Druck KG, 70499 Stuttgart;
Fotostudio Ullrich & Co., Renningen

Dieses Buch enthält:
2 Vorlagenbogen

Auflage: 5. 4. 3. 2. 1. | Letzte Zahlen
Jahr: 2005 2004 2003 2002 2001 | maßgebend

© 2001
frechverlag GmbH + Co. Druck KG, 70499 Stuttgart

ISBN 3-7724-2856-8 · Best.-Nr. 2856

Druck: frechverlag GmbH + Co. Druck KG, 70499 Stuttgart

Liebe Bastlerin, lieber Bastler,

Mobiles sind einfach faszinierend. Beim leisesten Windhauch geraten sie in Bewegung und sehen dadurch immer wieder anders aus. Sie regen die Fantasie an und machen Kindern und auch uns Erwachsenen viel Freude.

In meinem Buch stelle ich Ihnen sowohl sehr einfache Mobiles vor wie auch aufwändigere Modelle, die aus vielen Einzelteilen bestehen.

Die Mobiles sollen nicht nur Kinderzimmer zieren, sondern ebenso Küche, Bad und Wohnräume.

Sie finden hier zum Beispiel einen lustigen Hasen, maritime Szenen für die Sommerzeit oder ein gruseliges Gespensterschloss, das so richtig schön schaurig ist. Zur Weihnachtszeit versucht sich der Teddy als Weihnachtsbäcker und Pinguine kündigen die kalte Jahreszeit an.

Ich wünsche Ihnen viel Freude mit den Mobiles und gutes Gelingen!

Ihre

Werkzeuge und Hilfsmittel

Die genauen Materialangaben finden Sie bei den einzelnen Mobiles. Zusätzlich sind folgende Werkzeuge und Hilfsmittel erforderlich:

- Transparent- oder Architektenpapier
- Dünne Pappe
- Schneideunterlage
- Cutter
- Mittelgroße, spitze Schere
- Nagelschere
- Lochzange
- Alleskleber und/oder Klebestift
- Seitenschneider
- Rundzange
- Haarpinsel, Stärke 0-1
- Haarpinsel, Stärke 8-10
- Borstenpinsel, Stärke 10
- Lineal
- Bleistift
- Filzstift in Schwarz und Rot
- Buntstift in Rot
- Radiergummi
- Heißklebepistole
- Ggf. Thermosäge
- Holzbohrer, ø 2 mm

Hinweis
Als Tonkartonrest bezeichne ich Tonkartonstücke, die maximal das Format A5 haben.

So geht es

Schablonen herstellen
Bei den Mobiles benötigen Sie viele Teile mehrfach. Ich empfehle Ihnen, sich dafür Schablonen anzufertigen. Das geht so: Legen Sie das Architekten- oder Transparentpapier auf den Vorlagenbogen und pausen Sie das Motiv mit einem weichen Bleistift ab. Kleben Sie dann das Papier mit dem abgepausten Motiv auf die dünne Pappe und schneiden Sie es exakt aus. Die so entstandene Schablone legen Sie auf das entsprechende Material (z.B. den Tonkarton) und zeichnen den Umriss mit einem Bleistift nach.

Motive ausschneiden

Dann schneiden Sie die Motive aus. Für gerade Linien verwenden Sie ein Lineal, einen Cutter und eine Schneideunterlage, weil Sie damit ein sehr sauberes Ergebnis erzielen können. Für Rundungen benutzen Sie am besten eine gerade, spitze Schere mittlerer Größe. Für sehr kleine oder filigrane Teile verwenden Sie eine Nagelschere.

Styropor oder eine Foamplatte (siehe Mobile auf Seite 16/17) zerschneiden Sie entweder mit einem Cutter oder einer Thermosäge (= Schmelzsäge), bei der das Material durch einen warm werdenden Draht „geschnitten" wird. Wenn Sie die Thermosäge verwenden, dann lassen Sie Ihre Schablone während des Aussägens auf dem Material liegen und führen die Thermosäge senkrecht an der Umrisskante der Schablone entlang. Die Schablone dient Ihnen dabei als Führungshilfe für den Draht.

Nach dem Ausschneiden radieren Sie eventuell noch sichtbare Bleistiftlinien weg.

Motive zusammensetzen

Nun müssen Sie Ihre Motive zusammensetzen. Die meisten Motive werden doppelseitig gearbeitet. Hierfür müssen Sie bestimmte Motivteile deckungsgleich zweifach ausschneiden. Auf dem Vorlagenbogen finden Sie jeweils die Angabe, welches Teil Sie wie oft ausschneiden müssen.

Bei Motivpapier (Vario-Karton®), das nur einseitig mit dem jeweiligen Motiv bedruckt ist, müssen Sie das Motiv einmal wie auf der Vorlage gezeigt und einmal spiegelverkehrt ausschneiden.

Ordnen Sie die Einzelteile entsprechend der Vorlage an und kleben Sie sie mit Alleskleber oder einem Klebestift zusammen.

Mobiles aufhängen

In diesem Buch zeige ich Ihnen viele unterschiedliche Varianten, womit Sie Ihre Mobiles aufhängen können. Sie können z.B. einen Metallwellring aufschneiden, sodass er eine Spirale ergibt. Auch Schaschlikspieße und Rundhölzer in verschiedenen Stärken und Längen, die an den Enden mit Holzkugeln versehen werden, Holzrohlinge (wie zum Beispiel das Nudelholz beim „Weihnachtsbäcker" auf Seite 15), Peddigrohr oder eine Zugfeder eignen sich als Aufhängung.

Besonders dekorativ wirken die Aufhängungen, wenn sie farblich auf das Mobile abgestimmt und mit Blätterranken u.Ä. verziert werden.

Die Motive selbst habe ich z.B. mit dünner Wolle, einem Samtfaden, Stickgarn oder Satinband aufgehängt. Teilweise habe ich dafür auch Verbindungen aus Drähten geformt, die ich Ihnen hier noch zeigen möchte.

Die unterschiedlichen Drahtverbindungen

Um die Drahtverbindungen herzustellen, benötigen Sie eine Rundzange und einen Seitenschneider. Für Verbindungsringe sollten Sie 0,8 mm starken Draht verwenden, für die anderen Drahtverbindungen 0,6 mm starken Draht.

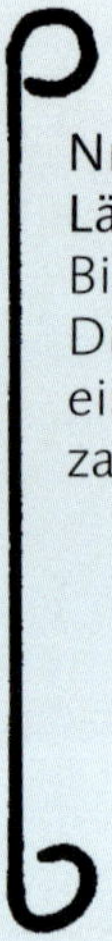

Nr. 1: Standard-Längsverbindung
Biegen Sie die Drahtenden mit einer Rundzange zu Ösen.

Nr. 2: Standard-Längsverbindung mit Haken
Stellen Sie eine Standardverbindung her und biegen Sie zusätzlich einen Haken, indem Sie ein Ende des Drahtes ca. 1,5 cm umbiegen und etwas zusammendrücken.

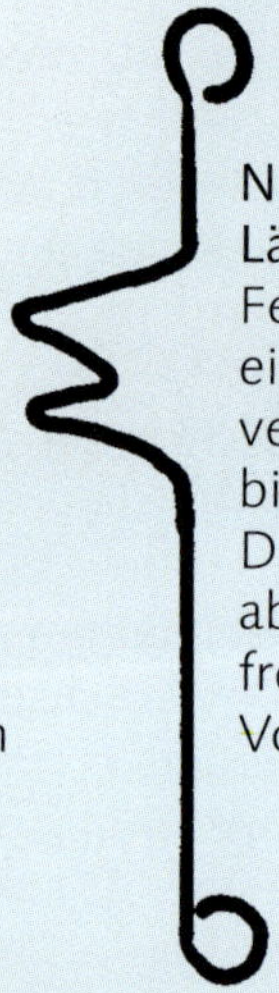

Nr. 3: Gezackte Längsverbindung
Fertigen Sie eine Standardverbindung und biegen Sie den Draht dann wie abgebildet oder frei nach Ihren Vorstellungen.

Nr. 4: Perlenverbindung mit zwei Ösen

Biegen Sie ein Drahtende mit der Rundzange zu einer Öse. Ziehen Sie nun eine Perle auf und schneiden Sie den Draht so ab, dass er ca. 1 cm übersteht. Das überstehende Drahtende biegen Sie in Gegenrichtung zur ersten Öse zu einer zweiten Öse.

Nr. 5: Perlenverbindung mit einer Öse

Biegen Sie ein Drahtende mit der Rundzange zu einer Öse. Ziehen Sie nun eine Perle auf und schneiden Sie den Draht so ab, dass er ca. 0,5 cm übersteht. Das überstehende Drahtende biegen Sie dann in Richtung Perle.

Nr. 6: Verbindung mit zwei Ösen

Hierbei biegen Sie den Draht wie bei der „Perlenverbindung mit zwei Ösen" beschrieben und lassen dabei lediglich die Perle weg. Die Ösen müssen dabei einen so großen Durchmesser haben, dass sie genau auf die zu verbindenden Teile (wie z.B. das Peddigrohr, den Schaschlikspieß oder den Holzstab) passen. Wenn Sie wollen, können Sie noch einen Verbindungsring mit einhängen. Nach dem Ausbalancieren des Mobiles fixieren Sie die Verbindung, indem Sie den Draht zusammendrücken.

Nr. 7: Verbindungsringe herstellen

Fast alle Motivteile werden mit Verbindungsringen an die Drahtverbindungen gehängt. Um diese Verbindungsringe herzustellen, müssen Sie den Draht um einen Rundstab wickeln. Die so entstandene Spirale ziehen Sie dann von dem Stab ab und schneiden sie mit einem Seitenschneider auf. Auf diese Art und Weise erhalten Sie Verbindungsringe, die den gleichen Durchmesser wie der umwickelte Rundstab haben. Zum Umwickeln eignen sich auch Stricknadeln, Bleistifte usw.

Beim Verbinden der Teile achten Sie bitte darauf, dass die Ringe gut geschlossen sind und die Enden eng gegeneinander liegen.

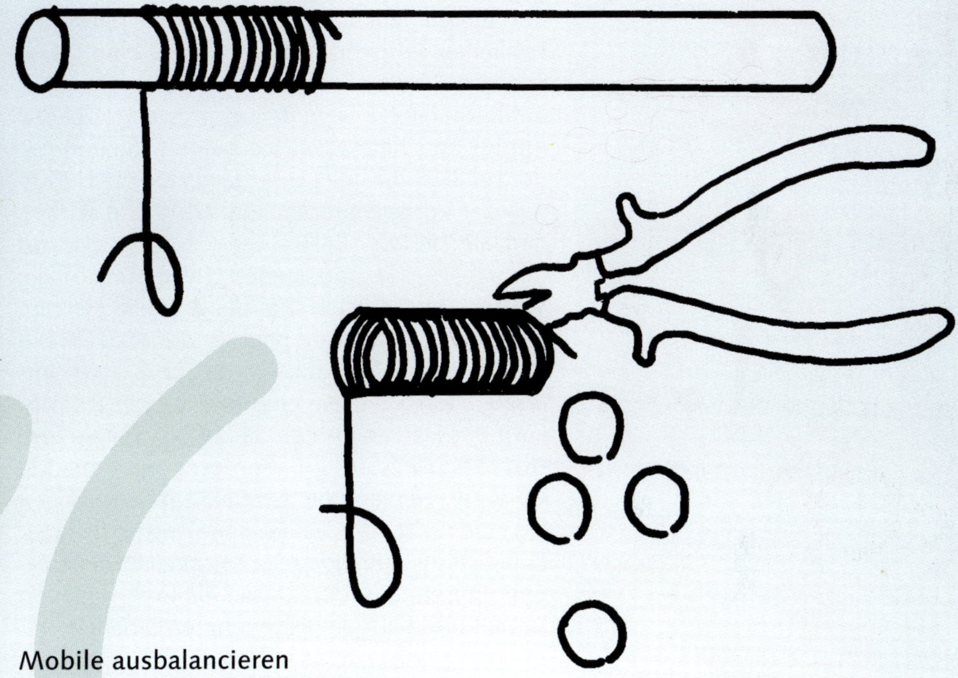

Mobile ausbalancieren

Haben Sie alle Aufhängungen bzw. Drahtverbindungen angebracht, muss das Mobile ausbalanciert werden. Hängen Sie dafür zunächst die obere Aufhängung so auf, dass sie sich frei bewegen kann. Knoten Sie dann die Motive mit Aufhängefäden an den Mobilestäben fest oder befestigen Sie sie mit Schlaufen. Wenn Sie alle Motive angeknotet haben, balancieren Sie sie aus und fixieren sie mit etwas Klebstoff, damit sie im Gleichgewicht bleiben.

Hinweis zu den Mobilegrößen

Bei den angegebenen Mobilegrößen wurde das Aufhängeband nicht mit eingerechnet.

Spirale mit Herzen und Marienkäfern

Schneiden Sie den Metallwellring mit dem Seitenschneider an einer Stelle auf, biegen Sie ihn zu einer Spirale und umwickeln Sie diese mit ca. 1,10 m Taftband. Legen Sie die Rosenblätter-Girlande um die Spirale und befestigen Sie sie mit Myrthendraht. Für die Aufhängung verwenden Sie ca. 1 m Taftband, auf das Sie die rote Holzperle aufziehen und es dann an der Spirale anknoten. Fertigen Sie aus dem restlichen Taftband und der Kordel eine kleine Schleife für oben und eine etwas größere für unten an, knoten Sie unten noch zwei Holzperlen mit an und befestigen Sie beide Schleifen mit der Heißklebepistole. Übertragen Sie die Herzen von der Vorlage auf den Tonkarton und schneiden Sie sie aus. Reißen Sie kleine Stücke aus der Japanseide und kleben Sie diese auf die Vorder- und Rückseiten der großen Herzen. Schneiden Sie dann aus dem Vario-Karton® Kreise mit je einem Marienkäfer und ø 2,2 cm aus und kleben Sie diese ebenfalls auf die Herzen. Fünf der Herzen knoten Sie an der Spirale fest. Aus dem letzten großen Herz, den beiden kleineren Herzen und zwei Holzperlen fertigen Sie eine Kette, die Sie am Spiralanfang fixieren. Zum Schluss schneiden Sie einzelne Marienkäfer und Blüten aus dem Vario-Karton® aus und kleben diese auf die Rosenblätter-Girlande.

Mobilegröße

ca. 15 cm x 50 cm

Material

- Tonkarton in Rot, A4
- Vario-Karton® „Living Nature", Motiv „Marienkäfer/Margerite"
- Stroh- bzw. Japanseide in Dunkelgrün
- Kordel in Rot, 2 mm stark, ca. 1 m lang
- Taftband in Grün, 12 mm breit, ca. 2,75 m lang
- Rosenblätter-Girlande, ca. 75 cm lang
- Myrthendraht in Grün
- Stickgarn in Hellgrün
- Metallwellring, ø 22 cm
- 2 Holzperlen in Grün, ø 10 mm
- 2 Holzperlen in Grün, ø 12 mm
- 1 Holzperle in Rot, ø 12 mm

Vorlagenbogen 1A

Schmetterlings-Spirale

Die Spirale für dieses Mobile arbeiten Sie genauso wie nebenstehend beschrieben. Für die Aufhängung nehmen Sie ca. 1 m Taftband, ziehen darauf eine Holzperle auf und knoten das Ganze an die Spirale. Drehen Sie aus dem Stickgarn bzw. dem Baumwollfaden eine ca. 20 cm lange Kordel und versehen Sie deren Enden mit den übrigen beiden Holzperlen. Fertigen Sie aus dem restlichen Taftband und dem Satinband eine kleine Schleife für oben und eine etwas größere für unten. Knoten Sie die Perlen-Kordel an die größere Schleife und kleben Sie beide Schleifen mit der Heißklebepistole an die Spirale. Für die Schmetterlinge übertragen Sie alle Teile vom Vorlagenbogen auf das Papier, schneiden sie aus und kleben sie wie abgebildet zusammen. Für die Fühler rollen Sie jeweils ca. 2,5 cm lange Silberdraht-Stücke an einem Ende etwas auf, schieben diese vorsichtig zwischen die zusammengeklebten Schmetterlings-Köpfe und kleben sie fest. Lochen Sie die Schmetterlinge und hängen Sie sie an die Spirale.

Mobilegröße

ca. 15 cm x 50 cm

Material

- Fotokartonreste in Weiß, Grün und Grün-Weiß kariert
- Tonpapierrest in Hellgrün
- Satinband in Weiß, 3 mm breit, ca. 1 m lang
- Taftband in Grün, 12 mm breit, ca. 2,75 m lang
- Rosenblätter-Girlande, ca. 75 cm lang
- Silberdraht, 0,6 mm stark
- Myrthendraht in Grün
- Stickgarn oder dünner Baumwollfaden in Hellgrün
- Metallwellring, ø 22 cm
- 3 Holzperlen in Weiß, ø 12 mm

Vorlagenbogen 1A

Küchenmobile

Malen Sie das Peddigrohr in Silber und die Holzkugeln in Blau an und lassen Sie sie trocknen. Stellen Sie eine Drahtverbindung Nr. 6 her. Hängen Sie einen Verbindungsring in die Drahtverbindung ein, schieben Sie diese auf den Peddigrohr-Bügel und fixieren Sie sie dort mittig. Versehen Sie die beiden Holzkugeln jeweils mit einer Drahtverbindung Nr. 5 und stecken Sie sie auf die Enden des Bügels. Ziehen Sie ca. 1 m Satinband als Aufhängeband durch die obere Öse und verknoten Sie es.

Aus dem restlichen Satinband und dem Drahtband fertigen Sie zwei Doppelschleifen und fixieren diese über den Holzkugeln mit Heißkleber. Übertragen Sie alle Teile vom Vorlagenbogen auf das Papier und schneiden Sie sie aus. Kleben Sie beidseitig eine kleine Blüte auf die Kanne und setzen Sie die beiden Tassen und das Weinglas zusammen. Kleben Sie die große Blüte zusammen und hängen Sie diese mit der Perlenverbindung Nr. 4 und einer Drahtverbindung Nr. 1 an die Kanne. Auch das Weinglas wird mit einer Drahtverbindung Nr. 1 angehängt. Die beiden Tassen hängen Sie jeweils mit der Drahtverbindung Nr. 3 an.

Mobilegröße

ca. 30 cm x 40 cm

Material

- Tonkarton in Blau, A4
- Tonkartonrest in Silber
- Satinband in Blau, 3 mm breit, ca. 2 m lang
- Drahtband in Grau, 25 mm breit, ca. 1 m lang
- Peddigrohr, ø 3 mm, 50 cm lang
- Silberdraht, 0,6 mm stark
- Silberdraht, 0,8 mm stark
- Bastelfarbe in Silber und Blau
- 1 Holzperle in Blau, ø 10 mm
- 2 durchbohrte Holzkugeln, ø 15 mm

Vorlagenbogen 1A

Gänseweide

Bemalen Sie alle Holzkugeln mit der Bastelfarbe in Zimt und lassen Sie sie trocknen. Dann werden sie auf die Rundstäbe gesteckt. Übertragen Sie alle Motivteile vom Vorlagenbogen auf den (Ton-)Karton und schneiden Sie sie aus. Kleben Sie den Zaun am langen Rundstab fest und bringen Sie ca. 1 m Baumwollfaden oder Stickgarn als Aufhängeband an. Kleben Sie dann alle Teile wie abgebildet zusammen und malen Sie mit dem schwarzen Filzstift die Strukturen bzw. die Gesichter auf. Hängen Sie die Gänse an die kurzen Rundstäbe und diese dann zusammen mit den Perlen an den langen Rundstab. Bei den kurzen Wiesenstücken verläuft der Faden dabei zwischen den zusammengeklebten Wiesenteilen. Zum Schluss kleben Sie den Wiesenstreifen, den Eimer und den Besen an den langen Rundstab.

Mobilegröße

ca. 36 cm x 60 cm

Material

- Tonkarton in Hellbraun und Weiß, A4
- Tonkartonreste in Grau, Silber, Schwarz und Orange
- Vario-Karton® „Living Nature", Motiv „Blumenwiese"
- Baumwollfaden oder Stickgarn in Natur
- 1 Rundstab, ø 4 mm, 35 cm lang
- 3 Rundstäbe, ø 4 mm, 11 cm lang
- Bastelfarbe in Zimt
- 2 Holzkugeln, ø 20 mm, Bohrung (halb gebohrt) ø 4 mm
- 6 Holzkugeln, ø 15 mm, Bohrung (halb gebohrt) ø 4 mm
- 8 Holzperlen in unterschiedlichen Brauntönen, ø 8 mm
- 4 Holzperlen in Dunkelbraun, ø 10 mm

Vorlagenbogen 1B

Hinweis:
Die Holzperlen in den Brauntönen gibt es auch als fertiges Sortiment zu kaufen.

Teddy, der Weihnachtsbäcker

Knoten Sie 1 m Satinband als Aufhängeband an die Griffe des Nudelholzes. Links und rechts knoten Sie je 75 cm Satinband unterschiedlich lang auslaufend als Aufhängung für die Lebkuchen an. Aus dem Weihnachtsband binden Sie zwei Schleifen, die Sie mit Heißkleber an den Griffen des Nudelholzes fixieren. Davor bringen Sie jeweils noch eine Schleife aus 50 cm Satinband an.

Übertragen Sie alle Motivteile vom Vorlagenbogen auf den Tonkarton, schneiden Sie sie aus und setzen Sie sie wie abgebildet zusammen. In den Schritt des Bären kleben Sie dabei einen 0,5 cm x 3 cm großen Tonkartonstreifen, den Sie mittig falzen.

Malen Sie das Gesicht und die Strukturlinien auf und setzen Sie den Teddy auf das Nudelholz, indem Sie den Kartonstreifen auseinander falten und auf das Nudelholz kleben. Schlingen Sie Grasfasern um den Bären und kleben Sie die Ilexblätter auf das Nudelholz. Hängen Sie die doppelt gearbeiteten Lebkuchen an die Satinbänder bzw. kleben Sie sie auf. Die Lebkuchenherzen werden dabei deckungsgleich auf die Satinbänder geklebt, sodass das Band dazwischen verläuft. Zum Schluss bemalen Sie die Lebkuchenmänner mit der Plusterfarbe.

Mobilegröße

ca. 25 cm x 40 cm

Material

- Tonkartonreste in Weiß, Haut, Grün, Hellbraun, Mittelbraun und Dunkelbraun
- Satinband in Grün, 3 mm breit, 3,5 m lang
- Weihnachtsband, 25 mm breit, 1 m lang
- Grasfasern in Grün
- Nudelholz, 25 cm lang
- Pluster- oder Relieffarbe in Weiß

Vorlagenbogen 1A

Kalte Grüße vom Südpol

Malen Sie die Stäbe und Holzkugeln mit Strukturschnee an und lassen Sie sie trocknen. Übertragen Sie alle Teile vom Vorlagenbogen und schneiden Sie sie aus. Die Eisschollen und Eisblöcke auf dem Iglu werden dabei aus Foam-Platte gearbeitet. Ritzen Sie die Eisschollen ein und kleben Sie die Pinguin-Füße auf. Setzen Sie dann die Pinguine zusammen, malen Sie die Gesichter mit Bastelfarbe auf und knoten Sie Wollfäden als Aufhängung an. Stecken Sie die Pinguine in die Einschnitte der Eisschollen.
Kleben Sie den Fischen Flossen aus Hologrammfolie und dem Iglu Eisblöcke aus Foam-Platte auf. Ritzen Sie auch die große Eisscholle ein und stecken Sie das Iglu in den Schlitz. Mit einem Cutter ritzen Sie die Eisscholle auch am Rand ein und fixieren in den Schlitzen zwei Pinguine und zwei Fische. Hängen Sie dann alle Motive wie abgebildet an die Rundstäbe bzw. fixieren Sie sie an den Aufhängefäden, sodass diese zwischen den zusammengesetzten Fischen verlaufen.
Zum Schluss binden Sie eine Schleife aus dem Karoband und kleben diese mittig auf den langen Rundstab. Die Doppelschleifen aus Schnurband werden davor fixiert.

Mobilegröße
ca. 32 cm x 60 cm

Material

- Tonkarton in Weiß und Schwarz, A4
- Tonkartonreste in Orange und Silber
- Hologrammfolie in Blau
- Foam-Platte, 3 mm dick, 33 cm x 24 cm
- Wollfaden in Grau
- Schnurband in Grau und Schwarz, 2 mm stark, je 1 m lang
- Karoband in Weiß, 40 mm breit, 50 cm lang
- 1 Rundstab, ø 6 mm, 30 cm lang
- 2 Rundstäbe, ø 6 mm, 12 cm lang
- 2 Holzkugeln, ø 20 mm, Bohrung (halb gebohrt) ø 6 mm
- 4 Holzkugeln, ø 15 mm, Bohrung (halb gebohrt) ø 6 mm
- Bastelfarbe in Weiß und Schwarz
- Strukturschnee

Vorlagenbogen 1B

Kaffeemühle

Durchbohren Sie die Holzkugel senkrecht zur bereits bestehenden Bohrung mit einem Holzbohrer mit ø 2 mm. Malen Sie die Kugel in Blau und das Peddigrohr in Silber an. Stellen Sie dann aus dem dickeren Silberdraht Verbindungsringe her. Übertragen Sie alle Motivteile vom Vorlagenbogen auf den Tonkarton, schneiden Sie sie aus und kleben Sie sie zusammen. Hängen Sie die große Kaffeemühle und eine der blauen Holzperlen mit Drahtverbindungen Nr. 4 an die blau bemalte Holzkugel. Ziehen Sie zwei Drahtverbindungen Nr. 6 auf das Peddigrohr auf, biegen Sie es zu einem Kreis und stecken Sie die Peddigrohrenden in die waagrechten Bohrungen der blau bemalten Holzkugel. An die Drahtverbindungen Nr. 6 hängen Sie mit den Drahtverbindungen Nr. 1 und Nr. 4 die restlichen Perlen und die kleinen Kaffeemühlen. Fertigen Sie aus dem Drahtband eine und aus dem Satinband zwei Schleifen an und kleben Sie sie unten auf den Peddigrohr-Ring. Zum Schluss hängen Sie die Blüten an die Enden der Satinschleifen. Als Aufhängung für dieses Mobile eignet sich z.B. eine Drahtverbindung Nr. 2.

Mobilegröße

ca. 19 cm x 60 cm

Material

- Tonkartonreste in Blau und Silber
- Satinband in Blau, 3 mm breit, ca. 1 m lang
- Drahtband in Grau, 25 mm breit, ca. 50 cm lang
- Peddigrohr, ø 3 mm, 66 cm lang
- 1 durchbohrte Holzkugel, ø 20 mm
- 2 Holzperlen in Silber, ø 10 mm
- 5 Holzperlen in Blau, ø 10 mm
- Silberdraht, 0,6 mm stark
- Silberdraht, 0,8 mm stark
- Bastelfarbe in Silber und Blau

Vorlagenbogen 1B

Muh!

Übertragen Sie alle Motivteile vom Vorlagenbogen auf den Ton- bzw. Vario-Karton®, schneiden Sie sie aus und kleben Sie sie wie abgebildet zusammen. Der große Heuhaufen wird dabei zwischen den Beinen der Kuh fixiert. Hängen Sie die Kuh an ca. 1 m Satinband. Binden Sie aus den Karobändern zwei Doppelschleifen, kleben Sie diese mit Heißkleber auf den Holzlöffel und hängen Sie den Holzlöffel mit dem restlichen Satinband an die Kuh. Kleben Sie die Milchkanne zusammen und die Maus auf den Käse und malen Sie die Strukturen mit Filzstift auf. Zum Schluss hängen Sie die Milchkanne und den Käse samt Maus unter den Holzlöffel.

Mein Tipp

Wenn Sie keinen Vario-Karton® mit Kuhfell-Muster zur Hand haben, dann können Sie die Kuh auch aus schwarzem und weißem Tonkarton arbeiten und sich dabei für die Flecken an der Vorlage orientieren.

Mobilegröße

ca. 25 cm x 50 cm

Material

- Tonkartonreste in Gelb, Grau, Haut, Rosa und Silber
- Vario-Karton® „Living Nature", Motiv „Gräser"
- Vario-Karton® „Living Nature", Motiv „Kuhfell"
- Satinband in Weiß, 3 mm breit, 2 m lang
- Karoband in Blau-Weiß, 5 mm breit, ca. 1 m lang
- Karoband in Blau-Weiß, 25 mm breit, ca. 1 m lang
- Baumwollfaden oder Stickgarn in Grau
- 1 Holzlöffel, ca. 25 cm lang

Vorlagenbogen 2A

Pia und Pit

(Abbildung Seite 22/23)

Bemalen Sie den Rundstab und die Holzkugeln mit der Bastelfarbe und stecken Sie nach dem Trocknen die Kugeln auf. Mittig fixieren Sie ca. 1 m weißen Samtfaden als Aufhängung. Fertigen Sie aus dem Drahtband eine Schleife und kleben Sie sie mit Heißkleber auf den Stab. Aus 1 m rotem und blauem Samtfaden binden Sie eine Doppelschleife und befestigen diese hinter der Drahtband-Schleife. Auf die Bandenden fädeln Sie wie abgebildet die Holzperlen, wobei Sie diese jeweils durch einen Knoten fixieren.

Milch

Übertragen Sie die Motivteile vom Vorlagenbogen auf den Tonkarton und schneiden Sie sie aus. Verbinden Sie die Spiralen, Körper, Köpfe und Perlen mit farblich passendem Samtfaden. Malen Sie den Figuren dann die Gesichter auf. Für Pia müssen Sie noch mit Heißkleber zwei ca. 2 cm lange Bastbündel für den Pony und zwei ca. 8 cm lange Bastbündel für die Zöpfe in den Hut kleben. Die Zöpfe werden dabei mit kleinen Schleifen aus Samtfaden zusammengehalten. Für Pit kleben Sie vier ca. 2 cm lange Bastbündel in den Hut. Kleben Sie die Köpfe in den Hüten fest, schneiden Sie die Bastfrisuren in Form und ziehen Sie mit einer Nadel Samtfaden als Aufhängung durch die Hüte, um die beiden Figuren am Mobilestab zu befestigen.

Mobilegröße

ca. 28 cm x 50 cm

Material

- Tonkartonreste in Weiß, Haut, Blau mit weißen Punkten und Rot mit weißen Punkten
- Samtfaden in Weiß, Blau und Rot, 2 mm stark
- Drahtband in Weiß, 25 mm breit, 50 cm lang
- Bast in Natur
- Rundstab, ø 6 mm, 25 cm lang
- 2 Holzkugeln, ø 25 mm, Bohrung (halb gebohrt) ø 6 mm
- 14 Holzperlen in Weiß, ø 12 mm
- 6 Holzperlen in Blau, ø 10 mm
- 6 Holzperlen in Rot, ø 12 mm
- Bastelfarbe in Weiß
- 2 Strohhüte, ø 8 cm

Vorlagenbogen 1A

Schiff ahoi

Übertragen Sie alle Motivteile vom Vorlagenbogen auf den Tonkarton, schneiden Sie sie aus und kleben Sie sie wie abgebildet zusammen. Das Signallicht wird dabei zwischen die Dachteile geklebt. Schneiden Sie einige Muscheln aus dem Vario-Karton® aus und arrangieren Sie diese auf dem Sand. Lochen Sie die Motive und hängen Sie sie mit Stick- oder Baumwollgarn an die Rundstäbe. Hängen Sie die Rundstäbe untereinander und ergänzen Sie dabei die Holzkugeln bzw. -perlen gemäß der Abbildung. Binden Sie aus dem Taftband eine Schleife. Halbieren Sie das Satinband, binden Sie aus beiden Stücken eine Schleife und kleben Sie diese vor bzw. hinter die Taftschleife an den oberen Rundstab.

Mobilegröße

ca. 27 cm x 45 cm

Material

- Tonkarton in Weiß, A4
- Tonkartonreste in Rot, Blau, Schwarz und Gelb
- Vario-Karton® „Living Nature", Motiv „Dachziegel, Ziegel"
- Vario-Karton® „Living Nature", Motiv „Muscheln, Sand"
- Stick- oder Baumwollgarn in Natur
- Satinband in Rot, 3 mm breit, 1 m lang
- Taftband in Blau, 10 mm breit, 50 cm lang
- 1 Rundstab, ø 4 mm, 25 cm lang
- 2 Rundstäbe, ø 4 mm, 12 cm lang
- 6 Holzkugeln, ø 15 mm, Bohrung (halb gebohrt) ø 4 mm
- 2 Holzperlen in Rot, ø 10 mm
- 2 Holzperlen in Blau, ø 10 mm

Vorlagenbogen 2B

Gruseliges Gespensterschloss

Bohren Sie in den langen Rundstab in die Mitte und jeweils 7 cm vom Rand entfernt Löcher mit ø 2 mm. Bemalen Sie die Stäbe und die Kugeln mit der Bastelfarbe und lassen Sie sie trocknen. Stellen Sie nun aus dem Draht Verbindungsringe her. Für die Drahtverzierungen über den Kugeln wickeln Sie den Draht jeweils ca. 15 Mal über die Spitze eines Kugelschreibers, der mindestens ø 15 mm haben muss. Ziehen Sie die Spiralen ab, biegen Sie deren Spitzen zu kleinen Ösen und wickeln Sie ihr anderes Ende zwei- bis dreimal um den Rundstab. Biegen Sie die Spiralen etwas zur Seite, stecken Sie die Holzkugeln auf und ziehen Sie den Draht dann über den Kugeln auf ca. 5 cm Länge auseinander. Übertragen Sie alle Motivteile vom Vorlagenbogen auf den Tonkarton, schneiden Sie sie aus und kleben Sie das Gespensterschloss wie abgebildet zusammen. Schneiden Sie kleine Gespenster aus dem Tonkarton aus und arrangieren Sie diese entsprechend der Abbildung auf dem Schloss. Bringen Sie den Samtfaden als Aufhängung an. Befestigen Sie den langen Rundstab mit Drahtverbindungen Nr. 6 und Verbindungsringen am Schloss. Die Gespenster, die aus dem Tonkarton ausgeschnittenen Spinnen und die kurze Rundstange befestigen Sie mit Drahtverbindungen Nr. 1 und Verbindungsringen am Mobile. Zum Schluss wickeln Sie ein paar Spinnfasern um das Schloss.

Mobilegröße

ca. 46 cm x 65 cm

Material

- Tonkarton in Weiß, A3
- Tonkartonrest in Schwarz
- Tonkartonrest mit Gespenster-Motiv
- Tonkartonrest mit Spinnen-Motiv
- Vario-Karton® „Living Nature", Motiv „Ziegel, Dachziegel"
- Samtfaden in Schwarz
- Spinnfasern in Schwarz
- 1 Rundstab, ø 6 mm, 40 cm lang
- 1 Rundstab, ø 6 mm, 20 cm lang
- 2 Holzkugeln, ø 25 mm, Bohrung (halb gebohrt) ø 6 mm
- 2 Holzkugeln, ø 20 mm, Bohrung (halb gebohrt) ø 6 mm
- Geglühter Bindedraht, 0,65 mm stark
- Bastelfarbe in Schwarz oder Anthrazit

Vorlagenbogen 2A

Vogelscheuche

Übertragen Sie alle Motivteile vom Vorlagenbogen auf den Tonkarton und schneiden Sie sie aus. Kleben Sie dann alles wie abgebildet zusammen. Beachten Sie, dass sowohl die Vogelscheuche wie auch die Raben doppelseitig gearbeitet werden. Das Holzbein wird dabei zwischen den beiden Rockteilen fixiert. Schneiden Sie einige Blätter aus dem Vario-Karton® aus und fixieren Sie sie vorne und hinten auf der Grasfläche. Malen Sie dann die Gesichter und Strukturlinien mit Filzstift und Bastelfarbe auf und kleben Sie den Raben die Wackelaugen auf. Schieben Sie die Schaschlikstäbe durch die Löcher in der Vogelscheuche, stecken Sie links und rechts die Holzperlen auf und hängen Sie die Raben mit Verbindungsringen und den Drahtverbindungen Nr. 1 und Nr. 6 direkt an die Vogelscheuche oder an die Schaschlikstäbe. Zum Schluss hängen Sie das Vogelscheuchen-Mobile an die Zugfeder.

Mobilegröße

ca. 28 cm x 35 cm

Material

- Tonkarton in Grün, A4
- Tonkartonreste in Rot, Dunkelbraun, Hellgrün, Orange, Mittelbraun und Haut
- Vario-Karton® „Living Nature“, Motiv „Gräser“
- Vario-Karton® „Living Nature“, Motiv „Blätter“
- 1 Zugfeder mit Öse, ø 6,3 mm, ca. 6 cm lang
- Silberdraht, 0,6 mm stark
- Silberdraht, 0,8 mm stark
- 2 Schaschlikspieße, ø 2 mm - 3 mm, 10 cm lang
- 4 Holzperlen, ø 10 mm
- 12 Wackelaugen, ø 4 mm
- Bastelfarbe in Weiß

Vorlagenbogen 2B

Wasserwelt

Malen Sie die Rundstäbe und die Holzkugeln mit der Bastelfarbe an und lassen Sie sie trocknen. Übertragen Sie dann alle Motivteile vom Vorlagenbogen und schneiden Sie sie aus. Auch die großen Fische müssen Sie dabei aus Tonkarton ausschneiden. Kleben Sie die blauen Schiffsteile auf die weiße Schiffs-Grundform und dann das Schiff auf das Wasser. Die Fische bekommen beidseitig Flossen aufgeklebt und Gesichter aufgemalt. Dann werden die großen Fische doppelseitig mit Hologrammfolie beklebt. Stanzen Sie Löcher in die Mobileteile und hängen Sie die Fische, die Perlen und die mit Fischen bestückten Rundstäbe mit Verbindungsringen und den Drahtverbindungen Nr. 1 und Nr. 6 unter die Wasserfläche. Balancieren Sie das Mobile aus, stecken Sie die Holzkugeln auf die Rundstäbe und bringen Sie eine Drahtverbindung Nr. 2 als Aufhängung an.

Mobilegröße

ca. 26 cm x 60 cm

Material

- Tonkarton in Weiß, A4
- Tonkartonreste in Mittelblau, Rot und Ultramarinblau
- Vario-Karton® „Living Nature", Motiv „Wasser"
- Hologrammfolie in Blau
- 2 Rundstäbe, ø 4 mm, 12 cm lang
- 4 Holzkugeln, ø 15 mm, Bohrung (halb gebohrt) ø 4 mm
- Silberdraht, 0,6 mm stark
- Silberdraht, 0,8 mm stark
- 2 Holzperlen in Blau, ø 10 mm
- Bastelfarbe in Blau und Weiß

Vorlagenbogen 2A

Möhren habe ich zum Fressen gern!

(Abbildung und Materialliste Seite 32)

Übertragen Sie alle Motivteile vom Vorlagenbogen auf den Tonkarton und schneiden Sie sie aus. Bei dem Hasen werden Vorder- und Rückseite unterschiedlich gearbeitet. Kleben Sie auf die Vorderseite die Wackelaugen, die Haare aus Fellresten und die Schleife aus Karoband. Die Schnauze müssen Sie vor dem Aufkleben mit Löchern versehen und drei ca. 7 cm lange Samtfaden-Stücke für die Barthaare durchziehen. Auf die Rückseite des Hasen kleben Sie ebenfalls Haare und ein Puschelschwänzchen aus Fellresten. Die Möhren werden mit Stick- oder Baumwollgarn unter den Hasen gehängt. Zum Schluss befestigen Sie die Zugfeder als Aufhängung.

Möhren habe ich zum Fressen gern!

(Anleitung Seite 30)

Mobilegröße
ca. 21 cm x 60 cm

Material

- Tonkarton in Hellbraun, A4
- Tonkartonreste in Weiß, Haut, Gelb, Schwarz, Orange, Grün und Grün-Weiß kariert
- Fellreste oder Flauschwatte in Braun
- Stick- oder Baumwollgarn in Grün
- Samtfaden in Schwarz
- Karoband in Grün-Weiß, 5 mm breit, 15 cm lang
- 1 Zugfeder mit Öse, ø 6,3 mm, 6 cm lang
- 2 ovale Wackelaugen, ø 15 mm

Vorlagenbogen 2B